AUSTRAL JUVENIL

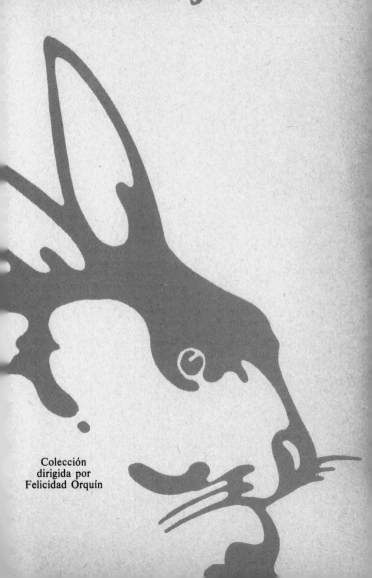

Colección
dirigida por
Felicidad Orquín

Diseño colección:
Miguel Ángel Pacheco

RAMÓN DEL VALLE-INCLÁN
LA CABEZA
DEL DRAGÓN
FARSA INFANTIL

ILUSTRACIONES DE VIVÍ ESCRIVÁ

ESPASA-CALPE, S.A. MADRID

Tercera edición

Primera edición: septiembre, 1982
Segunda edición: febrero, 1984
Tercera edición: abril, 1985

Depósito legal: M. 10.006—1985
ISBN 84—239—2722—9

Impreso en España
Printed in Spain

Se acabó de imprimir el día 15 de abril de 1985

Talleres gráficos de la Editorial Espasa-Calpe, S. A.
Carretera de Irún, km. 12,200. 28049 Madrid

Ramón del Valle-Inclán nació en 1866, en Villanueva de Arosa, un pueblecito de Galicia en donde pasó su niñez y adolescencia. Cursó estudios de bachillerato en Pontevedra y la carrera de Derecho en Santiago que interrumpió para marchar a México. Cuando tenía 29 años publicó su primer libro y posteriormente escribió, viviendo ya en Madrid, numerosas obras, entre ellas las famosas *Sonatas*. Son notables sus novelas históricas, como *La corte de los milagros,* y las obras teatrales que representaron una innovación en el teatro de su tiempo por la deformación satírica de los personajes hasta convertirlos en esperpentos. Valle-Inclán, una de las personalidades más interesantes de la generación del 98, contemporáneo de Baroja, Ramón Gómez de la Serna y Benavente, fue un asiduo frecuentador de tertulias literarias donde destacaba por su ingenio e inagotables anécdotas. Murió en Santiago de Compostela el 5 de enero de 1936.

Viví Escrivá, la ilustradora, es una conocida pintora que ha realizado más de veinte exposiciones individuales en España, Italia y Holanda. Original creadora y constructora de marionetas, montó para la TV «El retablo de Maese Pedro» de Manuel de Falla. Ha ilustrado muchos libros y en 1980 recibió el Premio Lazarillo. Nacida en Valencia, vive en Madrid con sus dos hijas y varios perros.

Personajes

LA SEÑORA INFANTINA.
EL PRÍNCIPE VERDEMAR.
EL DUENDE.
EL PRÍNCIPE AJONJOLÍ.
EL PRÍNCIPE POMPÓN.
EL GRAN REY MANGUCIÁN.
SEÑORA REINA.
EL PRIMER MINISTRO.
UN VENTERO.
UN BUFÓN.

UNA MARITORNES.
UN CIEGO.
UN BRAVO.
GEROMA.
EL GENERAL FIERABRÁS.
UN PREGONERO.
EL REY MICOMICÓN.
EL MAESTRO DE CEREMONIAS.
UNA DUQUESA Y UN CHAMBELÁN.
CORO DE DAMAS Y GALANES.

La presente edición reproduce
íntegro el texto que de *La cabeza
del dragón* se incluye en
Tablado de marionetas, Madrid, 1930

Escena primera

Tres príncipes donceles juegan a la pelota en el patio de armas de un castillo muy torreado, como aquellos de las aventuras de Orlando: Puede ser de diamante, de bronce o de niebla. Es un castillo de fantasía, como lo saben soñar los niños. Tiene grandes muros cubiertos de hiedra, y todavía no ha sido restaurado por los arquitectos del Rey. ¡Alabemos a Dios!

EL PRÍNCIPE AJONJOLÍ.—¿Habéis adver-
tido, hermanos, cómo esta pelota bota y
rebota? Cuando la envío a una parte, se tuerce
a la contraria.

EL PRÍNCIPE VERDEMAR.—¡Parece que lle-
vase dentro a un diablo enredador!

EL PRÍNCIPE POMPÓN.—¡Parece haberse
vuelto loca!

EL PRÍNCIPE VERDEMAR.—¡Antes sería preciso que esa bola llena de aire fuese capaz de
tener juicio alguna vez!

EL PRÍNCIPE POMPÓN.—¿Por qué lo dudas?
¿Porque está llena de aire? El aire, el humo y

el vacío son los tres elementos en que viven más a gusto los sabios.

EL PRÍNCIPE AJONJOLÍ.—¡Bien dice el Príncipe Pompón! ¿No vemos al Primer Ministro del Rey nuestro padre? ¡Unos dicen que tiene la cabeza llena de humo! ¡Otros, que de aire! ¡Y otros, que vacía!

EL PRÍNCIPE POMPÓN.—¡Y, sin embargo, todas las gacetas ponderan sus discursos y pregonan que es un sabio, Príncipe Ajonjolí! El Rey nuestro padre le confía el gobierno de sus Estados.

EL PRÍNCIPE VERDEMAR.—Pero ya sabéis lo que dice la Reina nuestra madre, cuando le repela las barbas al Rey nuestro padre: ¡Una casa no se gobierna como un reino! ¡Una casa requiere mucha cabeza! Y el Rey nuestro padre le da la razón.

EL PRÍNCIPE AJONJOLÍ.—Porque es un bragazas. Pero el Primer Ministro no se la da, y dice que todas las mujeres, reinas o verduleras, son anarquistas.

EL PRÍNCIPE VERDEMAR.—Vamos a terminar el partido.

EL PRÍNCIPE POMPÓN.—No se puede con esta pelota. Está de remate. ¡Mirad qué tumbos!

EL PRÍNCIPE AJONJOLÍ.–Tú eres quien está de remate. La has metido por la ventana del torreón.

EL PRÍNCIPE VERDEMAR.–Voy a buscarla.

EL PRÍNCIPE AJONJOLÍ.–Está cerrada la puerta, Príncipe Verdemar.

EL PRÍNCIPE VERDEMAR.–¿Dónde está la llave, Príncipe Ajonjolí?

EL PRÍNCIPE AJONJOLÍ.–La Reina la lleva colgada de la cintura.

Se oye la voz de un duende que canta con un ritmo sin edad, como las fuentes y los pájaros, como el sapo y la rana. Los ecos del castillo arrastran la canción, y en lo alto de las torres las cigüeñas escuchan con una pata en el aire. La actitud de las cigüeñas anuncia a los admiradores de Ricardo Wagner.

EL DUENDE.
    ¡Dame libertad,
    paloma real!
    ¡Palomita que vuelas tan alto,
    sin miedo del gavilán!

EL PRÍNCIPE VERDEMAR.–¿Quién canta en el torreón? ¡No conozco esa voz!

EL PRÍNCIPE AJONJOLÍ.—Un duende del bosque, Mingo Mingote el jardinero lo cazó con un lazo, y hoy lo presentó como regalo a nuestro padre el Rey.

EL PRÍNCIPE POMPÓN.—Yo nunca vi duendes, ni tampoco creí que los hubiese. Los duendes, las brujas, los trasgos, las hechicerías, ya no son cosa de nuestro tiempo, hermanos míos. Ése que el jardinero ha cazado en el bosque no será duende.

EL PRÍNCIPE AJONJOLÍ.—Yo lo vi, y tiene de duende toda la apariencia, Príncipe Pompón.

EL PRÍNCIPE POMPÓN.—¡Mucho engañan los ojos, Príncipe Ajonjolí!

EL DUENDE *asoma la cabeza entre dos almenas. Tiene cara de viejo: Lleva capusay de teatino, y parece un mochuelo con barbas, solamente que bajo las cejas, grandes y foscas, guiña los ojos con mucha picardía, y a los lados de la frente aún tiene las cicatrices de los cuernos con que le vieron un día los poetas en los bosques de Grecia.*

EL DUENDE.—Ábreme la puerta de mi cárcel, primogénito del Rey, Príncipe Pompón, y serás feliz en tu reinado. La gracia que me pidas, ésa te daré.

EL PRÍNCIPE POMPÓN.—Devuélveme la pelota y te abriré la puerta.

EL DUENDE.—¿Me lo juras?

EL PRÍNCIPE POMPÓN.–Mi palabra es de Rey.

EL DUENDE.–Ahí va la pelota.

EL PRÍNCIPE POMPÓN.–¡Gracias!

EL DUENDE.–Dame libertad.

EL PRÍNCIPE POMPÓN.–No puedo.

EL DUENDE.–¿Y tu palabra, Príncipe Pompón?

EL PRÍNCIPE POMPÓN.–Mi palabra no es una llave.

EL DUENDE.–Ni tu fe de Rey.

Desaparece EL DUENDE *haciendo una cabriola. Vuelve a oírse su canción, y las cigüeñas cambian de pata, para descansar antes de caer en el éxtasis musical.*

EL PRÍNCIPE POMPÓN.–Vamos a jugar, hermanos.

EL PRÍNCIPE VERDEMAR.–Yo salgo el primero.

EL PRÍNCIPE AJONJOLÍ.–Quien sale soy yo.

EL PRÍNCIPE POMPÓN.–Yo debo salir, que soy el primogénito.

EL PRÍNCIPE VERDEMAR.–En el juego de pelota eso no vale.

EL PRÍNCIPE AJONJOLÍ.–Lo echaremos a

suerte. El que bote más alto la pelota aquél sale.

La sopesa y pasa de una mano a otra, toma plaza y le hace dar un bote tan alto, que casi toca el pico de las torres. Vuelve a tierra la pelota, y en el rebote se entra por la ventana del torreón.

EL DUENDE.
    ¡Dame libertad,
    paloma real!
    ¡Palomita que vuelas tan alto,
    sin miedo del gavilán!

EL PRÍNCIPE VERDEMAR.—Ya nos quedamos sin pelota. Has estado muy torpe.

EL PRÍNCIPE AJONJOLÍ.—El Duende nos la devolverá. ¡Señor Duende!... ¡Señor Duende!....

EL DUENDE.
    ¡Dame libertad,
    paloma real!
    ¡Palomita que vuelas tan alto,
    sin miedo del gavilán!

TODOS LOS PRÍNCIPES.—¡Señor Duende! ¡Señor Duende!

Aparece otra vez EL DUENDE *entre las almenas, y en lo más alto de las torres puntiagudas, las cigüeñas cambian de pata.* EL DUENDE *saluda con una pirueta.*

EL DUENDE.—¡Señores Príncipes! ¡Servidor de ustedes!

EL PRÍNCIPE AJONJOLÍ.—Devuélveme la pelota.

EL DUENDE.—Con mil amores te devolvería la pelota, si tú me devolvieses la libertad. ¿Me abrirás la puerta?

EL PRÍNCIPE AJONJOLÍ.—Te la abriré.

EL DUENDE.—¿Me lo juras?

EL PRÍNCIPE AJONJOLÍ.—Palabra de Rey.

EL DUENDE.—¡No! Palabra de Rey no.

EL PRÍNCIPE AJONJOLÍ.—¿Pues qué palabra quieres? Yo no puedo empeñarte otra. Si no soy Rey, nací para serlo, y mi palabra es conforme a mi condición.

EL DUENDE.—¿Y no me podrías dar palabra de hombre de bien?

EL PRÍNCIPE AJONJOLÍ.—Me estás faltando al respeto que se me debe como Príncipe de la sangre. Hombre de bien se dice de un labrador, de un viñador, de un menestral. Pero nadie es tan insolente que lo diga de un Príncipe. Hombre de honor se dice de un capitán, de un noble, de un duelista y de algunos pícaros que se baten con espadas de cartón.

EL DUENDE.—Ya sé que las espadas y los sables de cartón son la mejor tramoya para presumir de caballero.

EL PRÍNCIPE AJONJOLÍ.—A un Príncipe no se le puede llamar ni hombre de bien ni hombre de honor. Es depresivo.

EL DUENDE.—¿Para quién?

EL PRÍNCIPE AJONJOLÍ.—Para mi sangre azul.

EL DUENDE.—Príncipe Ajonjolí, tendré entonces que conformarme con tu palabra real. Ahí va la pelota.

EL PRÍNCIPE AJONJOLÍ.—Gracias.

EL DUENDE.—Cumple tu promesa.

EL PRÍNCIPE AJONJOLÍ.—Mañana la cumpliré. Yo no te dije que fuese ahora. Mañana veré a un herrero y le encargaré una llave.

EL DUENDE.—Antes de esta noche vendrá el verdugo.

EL PRÍNCIPE AJONJOLÍ.—Si eres duende, procura salir por la chimenea. ¡Hermanos, vamos a continuar el partido!

EL PRÍNCIPE AJONJOLÍ *hace botar la pelota.* EL DUENDE *guiña un ojo inflando las mejillas, y la pelota salta a pegar en ellas, reventándoselas en una gran risa. ¡Es el imán de las conjunciones grotescas!*

EL DUENDE.—De esta vez, Príncipes míos, no tendréis la pelota sin abrirme la puerta primero.

LOS PRÍNCIPES.—¡Vuélvela! ¡Vuélvela!

EL DUENDE.—Os vuelvo vuestras promesas reales, que os servirán mejor que la pelota. ¡Son más huecas y más livianas!

EL PRÍNCIPE VERDEMAR.—Duende, dame la pelota, y cumpliré como hombre de bien, como caballero y como Príncipe.

EL DUENDE.—No tienes la llave del torreón, Príncipe Verdemar.

EL PRÍNCIPE VERDEMAR.—Mis hermanos y yo derribaremos la puerta.

EL DUENDE.—¿Con qué?

EL PRÍNCIPE VERDEMAR.—Con los hombros.

EL DUENDE.—Es muy fuerte la puerta, y antes de derribarla os habría salido joroba. Príncipes míos, estaríais muy poco gentiles.

EL PRÍNCIPE AJONJOLÍ.—Nuestro padre el Rey castigará tu insolencia.

EL PRÍNCIPE POMPÓN.—El verdugo cortará tu cabeza.

EL PRÍNCIPE VERDEMAR.—Me duele que el engaño de mis hermanos te haga dudar de mi palabra.

EL DUENDE.—Príncipe Verdemar, allí viene la Reina vuestra madre, muy señora mía. Pídele la llave, que la lleva en la faltriquera.

EL PRÍNCIPE VERDEMAR.—No me la daría.

EL DUENDE.—Llega a tu madre, y dile te mire en la oreja derecha, porque te duele. Y mientras ella mira, mete la mano con tiento en su faltriquera y saca la llave.

Sale Señora REINA *con su corona. Un paje le recoge la cola del manto, un lebrel le salta al costado, en el puño sostiene un azor.*

EL PRÍNCIPE VERDEMAR.—Miradme en este oído, madre.

LA REINA.—¿Qué tienes?

EL PRÍNCIPE VERDEMAR.—Una avispa se me ha entrado y me zumba dentro.

LA REINA.—No veo nada.

EL PRÍNCIPE VERDEMAR.—Dejadlo, madre, ya saldrá.

Señora REINA *se agachaba para mirar en la oreja del* PRÍNCIPE. *El muchacho, guiñando un ojo, le hurtaba la llave de la faltriquera. ¡La rica faltriquera cosida con hilo de oro, hecha con el raso de un jubón que en treinta batallas sudó Señor* REY! *Se va Señora* REINA. EL PRÍNCIPE VERDEMAR *abre la puerta del torreón y sale* EL DUENDE.

EL DUENDE.—Gracias, Príncipe mío. Si alguna vez necesitas el valimiento de un duende, no tienes más que llamarme. Toma este anillo. Cuando te lo pongas me tendrás a tu lado.

EL PRÍNCIPE POMPÓN.—Nuestro padre te hará castigar cuando sepa que has abierto la puerta del torreón y dado libertad al Duende.

EL PRÍNCIPE AJONJOLÍ.—Vámonos a jugar en otra parte. No viéndonos aquí, nadie sospechará de nosotros.

EL PRÍNCIPE POMPÓN.—¿De nosotros dices, Príncipe Ajonjolí? Tú y yo estamos libres de toda culpa.

EL PRÍNCIPE AJONJOLÍ.—¿Y si nos culpan a los tres?

EL PRÍNCIPE VERDEMAR.—Si culpan a los tres, yo me declararé el solo delincuente.

EL PRÍNCIPE POMPÓN.—Ahí llega el Rey, nuestro padre.

EL REY.—Quiero que veáis al Duende, enredador y travieso, que deshoja las rosas en mis jardines reales, que cuando pasa la Reina sacude sobre su cabeza las ramas mojadas de los árboles, que en las cámaras de mi palacio se esconde, para fingir un eco burlesco, y que en lo alto de la chimenea se mofa con una risa hueca, que parece del viento, cuando me reúno en consejo con mis ministros. En los parques reales lo cazó mi jardinero, a quien acabo de recompensar con un título de nobleza. Y en memoria de este día, tan fausto en mi reinado, mandaré grabar una medalla.

EL PRIMER MINISTRO.—¡Oh Rey! Mejor sería un sello de Correos. Sirve, como la medalla, de conmemoración y aumenta las rentas del Tesoro.

EL REY.—No había pensado en ello. En cuanto a los Príncipes, mis hijos, quiero asociarlos a esta alegría de mi pueblo, como padre y como Rey. Príncipe Pompón, tuyo es mi caballo. Príncipe Ajonjolí, tuyo es mi manto de armiño. Príncipe Verdemar, tuya es mi espada.

LOS PRÍNCIPES.—Gracias, Señor.

EL REY.—Pedid a la Reina la llave del torreón.

EL PRIMER MINISTRO.—Señor, la puerta está franca.

EL REY.—¡Cómo! ¿Quién fue el traidor que dio libertad al duende?

Señora REINA *acude llorando. Con el hipo que trae, la corona le baila en la cabeza. El azor que lleva en el puño abre las alas, el lebrel que lleva al costado se desata en ladridos. Y saca la lengua, acezando, el paje que le sostiene la cola del manto real.*

LA REINA.—¡Me han robado la llave! ¡Me han robado la llave! ¡Hay traidores en el palacio! ¡Estamos como en Rusia!

EL REY.—¡Peor que en Rusia, porque aquí no hay Policía! Quisiera yo ahora comerme el corazón crudo y sin sal del que ha dado suelta a mi presa. ¡Vamos! Avisad a mi médico para que me sangre.

Los Señores REYES *se parten con el cortejo de sus palaciegos. Señor* REY *lleva la cara bermeja, como si acabase de abandonar los manteles. Señora* REINA *no cesa de hipar, haciendo bailar la corona. Se quedan a solas los tres* PRÍNCIPES.

EL PRÍNCIPE POMPÓN.—¡Buen regalo me ha hecho mi padre! Un rocín con esparavanes que no resiste encima el peso de una mosca.

EL PRÍNCIPE AJONJOLÍ.—¡Pues a mí, con su manto sudado en cien fiestas reales!

EL PRÍNCIPE VERDEMAR.—Yo estoy contento con mi espada.

EL PRÍNCIPE POMPÓN.—¡Como que no tiene ni una mella!

EL PRÍNCIPE AJONJOLÍ.—Mal podía tenerla no habiendo salido de la vaina. ¿Quieres cambiármela por el manto?

EL PRÍNCIPE VERDEMAR.—No, hermano mío.

EL PRÍNCIPE POMPÓN.—¿A mí, por el caballo?

EL PRÍNCIPE VERDEMAR.—No.

EL PRÍNCIPE AJONJOLÍ.—¿Por el manto y un sayo nuevo?

EL PRÍNCIPE VERDEMAR.—Me la dio mi padre, y no la cambio por nada del mundo.

EL PRÍNCIPE POMPÓN.—Tú no tienes derecho a ningún regalo del Rey. Cuando sepa que has dado libertad al Duende te degollará con esa misma espada que ahora no quieres cambiarme por el caballo.

EL PRÍNCIPE POMPÓN *arruga la frente y mira en torno con mirada torva.* EL PRÍNCIPE AJONJOLÍ *hace lo mismo. Los dos cambian una mirada a hurto de su hermano y se van.* EL PRÍNCIPE VERDEMAR *queda solo y suspira contemplando el azul.*

EL PRÍNCIPE VERDEMAR.—Mis hermanos me delatarán y mi padre se comerá mi corazón crudo y sin sal. Debí haber dejado que se llevasen la espada. Tendré que huir de este palacio donde he nacido. Sólo siento no poder besar las manos de mi madre y decirle adiós... ¡Y pedirle algunos doblones para el viaje!

Escena segunda

Una venta clásica en la encrucijada de dos malos caminos. Arde en el vasto lar la lumbrarada de urces y tojos. En la chimenea ahuma el tasajo, en el pote cuece el pernil. LA MARITORNES pela una gallina que cacarea, el mastín roe un hueso y EL VENTERO, con su navaja de a tercia, pica la magra longaniza. Se albergan en la venta un PRÍNCIPE y un BUFÓN. El azar los ha juntado allí y ellos han hecho conocimiento.

EL VENTERO.—Date prisa, Maritornes. Sirve a estos hidalgos. ¿Qué desean sus mercedes?

EL BUFÓN.—Beber y comer.

EL VENTERO.—¿Está repleta la bolsa?

EL BUFÓN.—Está vacía la andorga. ¿Cuándo has visto tú que estuviese repleta la bolsa de un pobre bufón que sólo espera poder embarcarse para las Indias?

EL VENTERO.—¿No estabas al servicio de la hija del Rey Micomicón?

EL BUFÓN.—¡Pobre señora mía!

EL VENTERO.—¿Se ha casado?

EL BUFÓN.—Hace tres días que toda la Corte viste por ella de luto.

EL PRÍNCIPE VERDEMAR.—¿Cómo puede ser estando viva? Yo la he visto pasear en los jardines de su palacio, y quedé maravillado de tanta hermosura.

EL BUFÓN.—Bien se advierte que sois nuevo en este reino y no tenéis noticia de la presencia del Dragón. Hace tres días que ruge ante los muros de la ciudad, pidiendo que le sea entregada la Señora Infantina. Salieron a combatirle los mejores caballeros, y a todos ha vencido y dado muerte.

EL VENTERO.—El Dragón es animal invencible, y salir a pelear con él, la mayor locura.

EL BUFÓN.—Por eso, yo, antes de verme en tal aprieto, dejo el servicio de la señora Infantina y me embarco para dar conferencias en las Indias.

EL PRÍNCIPE VERDEMAR.—Pues a ti no te estaría mal salir con tus cascabeles a pelear con el dragón. ¿No eres loco? ¿No has vivido de decir locuras en la Corte?

EL BUFÓN.—De decirlas, pero no de hacerlas, amigo mío. Hacerlas es negocio de los cuerdos. Los bufones somos como los poetas.

EL PRÍNCIPE VERDEMAR.—A fe que no alcanzo la semejanza.

EL BUFÓN.—Un poeta acaba un soneto lleno de amorosas quejas, la mayor locura sutil y lacrimosa, y tiene a la mujer en la cama con la pierna quebrada de un palo. Aparenta una demencia en sus versos y sabe ser en la vida más cuerdo que un escribano. ¿Ves ahora la semejanza? Pues aún hay otra. Cuando la música de los versos y la música de los cascabeles no basta aquí para llenar la bolsa, bufones y poetas nos embarcamos para dar conferencias en las Indias.

EL PRÍNCIPE VERDEMAR.—¿Tú piensas presentarte con tal sayo en esas tierras lejanas? Procura llegar en Carnaval, que si no habrán de seguirte tirándote piedras.

EL BUFÓN.—Sería una manera de anunciarme. Pero este vestido solamente pienso llevarlo en tanto no ahorre para otro. ¡Salí del palacio sin cobrar mi soldada de todo un año!

EL PRÍNCIPE VERDEMAR.—¿Tanto enojo causaste con tu despedida a la Infantina? Lo comprendo, porque fue ingratitud muy grande dejarla cuando más necesitaba que la divirtieses con tus burlas y donaires.

EL BUFÓN.—¿Imaginas que hay burlas capaces de divertir a quien espera la muerte entre los dientes de un terrible dragón? Los bufones somos buenos para la gente holgazana y sin penas. Yo lo aprendí pronto, y sólo después de los banquetes dije donaires en el palacio del Rey Micomicón. Si corriste mundo, habrás visto cómo en España, donde nadie come, es la cosa más difícil el ser gracioso. Sólo en el Congreso hacen allí gracia las payasadas. Sin duda porque los padres de la Patria comen en todas partes, hasta en España. Por lo demás, si no cobré mis salarios fue por estar vacías las arcas reales.

EL PRÍNCIPE VERDEMAR.—¿Tan mal anda el noble Rey Micomicón?

EL BUFÓN.—¡Gasta mucho esa gente!

Asoma en la puerta de la venta un CIEGO *de los que la gente vieja llama aún evangelistas,*

como en los tiempos de José Bonaparte: antiparras negras, capa remendada, y bajo el brazo, gacetas y romances. De una cadenilla, un perro sin rabo, que siempre tira olfateando la tierra.

EL CIEGO.—¿Adónde estás, Bertoldo?

EL BUFÓN.—Acá, compadre Zacarías.

EL CIEGO.—¿Estás solo?

EL BUFÓN.—Sólo con un amigo que me hace la merced de pagarme la cena. Acércate.

EL CIEGO.—Llama al perro para que me guíe.

EL BUFÓN.—¿Cómo se llama tu perro?

EL CIEGO.—De varias maneras. La mejor es llamarle enseñándole una tajada.

EL BUFÓN *toma de su plato un hueso casi mondo y lo levanta en el aire como un trofeo. El can comienza por mover el muñón del rabo y se lanza a tirar de la cadena, la boca abierta en grande y famélico bostezo.*

EL BUFÓN.—Toma *Salomón.*

EL PRÍNCIPE VERDEMAR.—Maritornes, añade un cubierto para este nuevo amigo.

EL CIEGO.—¡Gracias, generoso caballero!

EL BUFÓN.—Compadre Zacarías, ¿tu perro ha sido hombre alguna vez?

EL CIEGO.—Nunca me lo ha dicho.

EL BUFÓN.—Pues al ver la tajada hizo tales demostraciones... ¡O será que todos los hombres primero han sido perros!

LA MARITORNES *pone en la mesa el cordero, que humea y colma la fuente de loza azul, tamaña como un viejo carcamán y esportillada.*

LA MARITORNES.—Aquí está el cordero.

EL CIEGO.—¡Buen olor despide!

EL PRÍNCIPE VERDEMAR.—¿No pensabas hallar tan buena mesa?

EL CIEGO.—Cierto que no.

EL BUFÓN.—Éste es el ciego que vende las gacetas públicas en el palacio del Rey Micomicón.

EL CIEGO.—Que las vendía, compadre Bertoldo. Era oficio tan ruin, que apenas daba para malcomer, y lo he dejado. Los reyes no pagan nunca a quien les sirve. Encomiendan a los cortesanos esas miserias, y los cortesanos las encomiendan a los lacayos, y los lacayos, cuando llegas a cobrar, salen con un palo levantado.

EL BUFÓN.—De ese mismo paño tengo yo un sayo, compadre Zacarías. ¿Y cómo es hallarte en esta venta?

EL CIEGO.—He venido a esperar el navío que sale para las Indias.

EL BUFÓN.—¿Se quebró la soga del perro y buscas una longaniza para atarlo? Haces bien. Yo también espero el navío para las Indias.

EL PRÍNCIPE VERDEMAR.—Se despuebla el reino de Micomicón. Por todos los caminos hallé gente que acudía a esperar ese navío. Sólo quedarán aquí los viejos y los inútiles.

EL BUFÓN.—¡Los viejos, los inútiles! ¿Qué locuras estás diciendo? En otro tiempo algunos hubo; pero ahora se ha dado una ley para que los automóviles los aplasten en las carreteras. ¿De qué sirve un viejo de cien años? ¿De qué sirve una vieja gorda? ¿Y los tullidos que se arrastran como tortugas? Ha sido una ley muy sabia, que mereció el aplauso de toda la Corte. Así se hacen fuertes las razas. Tú es posible que no la halles bien, porque eres un sentimental. Lo he conocido desde el primer momento, en cuanto me convidaste a cenar. ¡Eres un sentimental!

EL PRÍNCIPE VERDEMAR.—Te convidé porque quiero pedirte nuevas de la Infantina.

EL BUFÓN.—¡Ja..., ja...! Un sentimental. ¿Qué dices tú, compadre Zacarías?

EL CIEGO.—¡Un sentimental!

EL PRÍNCIPE VERDEMAR.—A ti te convidé porque jamás contemplaste a la Princesa y su hermosura no puede moverte. El bien que tú digas de ella no nacerá del encanto de tus ojos. ¡Ojalá todos los que hablan de una mujer cegasen antes de verla, que así sería más cuerdo el juicio y habría menos engañados! Yo la vi un momento pasar entre los laureles del parque real, y sólo con verla nació en mí el deseo de vencer al Dragón.

EL CIEGO.—Dicen que sólo con una espada de diamantes podría dársele muerte.

EL BUFÓN.—Y ello es declararle inmortal, porque no existen espadas tales.

Entra un famoso rufián, que come de ser matante y cena de lo que afana la coima guiñando el ojo a los galanes, cuando se tercia. La coima viene con él.

EL BRAVO.—¿Es aquí donde se cena de balde? Siéntate, Geroma.

GEROMA.—Dile a ésos que me dejen sitio, Espandián.

EL BRAVO.—¡Hola, bergantes! Haced un puesto a mi dama.

EL PRÍNCIPE VERDEMAR.—Una silla para la señora Geroma.

Remedando los modos de la Corte, EL BUFÓN *ofrece una silla a la Señora* GEROMA. ESPANDIÁN *alarga su terrible brazo y la toma para sí, afirmándola en el suelo con un golpe que casi la esportilla y mirando en torno, retador. Cuando va a sentarse,* EL PRÍNCIPE VERDEMAR *le derriba la silla. Da una costalada el matante y se levanta poniendo mano al espadón.*

EL BRAVO.—¿Son éstas chanzas o veras?

EL PRÍNCIPE VERDEMAR.—Veras y muy veras, señor Espandián.

EL BRAVO.—Está bien, porque de chanzas tan pesadas no gusta el hijo de mi madre.

EL PRÍNCIPE VERDEMAR.—Señora Geroma, aquí está vuestra silla.

GEROMA.—Gracias, gentil caballero.

EL BRAVO.—Y mi silla, ¿dónde está?

EL PRÍNCIPE VERDEMAR.—Sólo aquellos que yo convido tienen puesto en mi mesa, señor Espandián.

EL BRAVO.—Yo tengo puesto en todas partes, porque mi espada me lo asegura.

EL PRÍNCIPE VERDEMAR.—Que tu espada te lo asegure no es cosa probada. Que tu insolencia te lo quita es cosa cierta.

EL BRAVO.—¡Tú quieres que riñamos!

EL PRÍNCIPE VERDEMAR.—Eso lo dejo a tu capricho. En todo caso, sería después de haber servido a la señora Geroma.

EL BUFÓN.—El favor que se hace a la señora Geroma lo recibe el señor Espandián, y no será tan ingrato que quiera pagarlo con una estocada.

GEROMA.—Espandián, marido mío, deja quieta la tajante. Repara con cuánta cortesía me trata este caballero y muéstrate agradecido.

EL BRAVO.—Porque reparo cómo te escancian de beber y te colman el plato, hablo así. ¿Dónde ha nacido ese uso bárbaro de que coma la mujer y ayune el marido? ¿Es de la Grecia? ¿Es de la Roma? ¿Es de las tierras de Oriente? ¡No! Es de una región salvaje, para mí desconocida y para ti también, Geroma. Y si este caballero quiere implantar aquí tan afrentosos usos, yo se lo estorbaré con mi espada. Geroma, ese plato es mío, ese vaso es mío, esa silla, mía también.

GEROMA.—¿Por qué?

EL BRAVO.—Porque tú eres mía, según la Epístola de San Pablo.

GEROMA.—¡Deja el vaso!

EL BRAVO.—Ya te dije que es mío.

GEROMA.—¡Dame el plato!

EL BRAVO.—Ya te dije que es mío.

GEROMA.—¡Borracho, rufián, apaleamujeres!

Se alegra la venta con tumulto. ESPANDIÁN, *tras de apurar el vaso de un solo trago, arrebata a la coima el plato lleno de cordero y pringue. La Señora* GEROMA *saca las uñas, arañándole la cara, y el rufián, puesto en pie, le escacharra el plato en mitad de la cabeza.*

EL BRAVO.—Geroma, a mí puedes arañarme. Un hombre como yo conoce lo que son señoras. Pero ¡cuida de no decir una sola palabra ofensiva para mi honor!

GEROMA.—¡Vuélveme el plato!

EL BUFÓN.—A una mujer se la mata, pero no se la falta. Seguro estoy de que se hallaría más conforme, con que le hubieses quitado la vida, la señora Geroma.

GEROMA.—¡Qué hablas tú, cara de an-truejo!

EL BUFÓN.—Hablo en vuestra defensa, señora Geroma.

EL BRAVO.—Yo basto para su defensa. Geroma, quédate siempre en las palabras, que por ser tuyas no me ofenden. Pero la mujer debe obediencia al marido, y si lo olvidas, he de recordártelo, no por mí, sino por la devoción que tengo al santo Apóstol San Pablo.

EL PRÍNCIPE VERDEMAR.—Cesad en vuestro llanto, señora Geroma, y decid a vuestro marido que yo le pagara la cena si fuera mayor su cortesía.

EL BRAVO.—Con poca o con mucha corte-sía, ya veis cómo he cenado a vuestra costa. Y si queréis cobraros, sacad la espada.

Derribando la silla, se levanta ESPANDIÁN *y, con la capa revuelta al brazo, a guisa de broquel, y la espada en la mano, toma campo en mitad de la cocina.* EL PRÍNCIPE *pone también mano a su espada. Riñen con mucho estruendo, y* EL PRÍNCIPE VERDEMAR *hiere a* ESPANDIÁN. *El perro del* CIEGO, *en un rapto de risa, se muerde el rabo.*

EL PRÍNCIPE VERDEMAR.—Ya te has cobrado.

EL BRAVO.—Ya puedes decir que eres un valiente. Dame la mano. Cruzaste noblemente tu acero con Espandián y no te guardo rencor. Claro está que yo no desenvolví todo mi juego. Eres tan niño, que al ver tu cara de arcángel me entraba no sé qué compasión, y parecía que el brazo se me quedaba sin fuerza. Habrás visto que por dos veces pude matarte: una, de un bote recto; otra, de una flanconada.

GEROMA.—En mitad del corazón he recibido yo esa estocada. Vos no sabéis, señor, el genio de este hombre cuando está herido. ¿Veis mis carnes tan blancas? Serán de negro terciopelo mañana.

EL BUFÓN.—Tiene la herida en el brazo, señora Geroma.

GEROMA.—¡Ay! Mi Espandián es ambidiestro.

EL BRAVO.—Este joven caballero ha visto que le perdoné la vida, y me hará la merced de prestarme algunos doblones para curarme.

EL PRÍNCIPE VERDEMAR.—Ni las tretas de vuestra espada ni vuestras palabras tienen poder para abrir mi bolsa. Si estáis arrepentido de haberme perdonado la vida, podéis cobraros volviendo a reñir, puesto que sois ambidiestro.

EL BRAVO.—¡Volveremos a reñir! ¡Te abriré la sepultura con mi espada!

EL PRÍNCIPE VERDEMAR.—Vamos a verlo.

EL BRAVO.—Ahora, no. Ya sabrás de mí. Cuéntate con los muertos.

Al abrirse la puerta de la cocina para dejarle paso, se ve la noche azul y una gran luna sangrienta. Sale arrastrando de un brazo a la coima.

EL CIEGO.—Volverá, no lo dudéis. Es el jefe de una banda de malhechores, y volverá con sus compañeros. Si queréis salvar la vida, debéis huir.

EL PRÍNCIPE VERDEMAR.—Ya habéis visto que sé defenderme con la espada en la mano.

EL BUFÓN.—Pero contra el número nada puede la destreza. ¿No habéis oído un silbido? Es la señal para reunir a su gente. Atrancad, maese Trabuco.

EL VENTERO *avizora desde la puerta, en la oscuridad de la noche, y luego, con las manos temblronas, cierra y pone la tranca.*

La Maritornes *bate los dientes apretando los ojos. Dos gallos cacarean en la caponera, rosman el gato y el perro, y* El Bufón, *como un perlático, hace sonar sus mil cascabeles.*

El Ventero.—Se divisan bultos de embozados que se ocultan en el quicio de las puertas. En cuanto pongáis el pie fuera de estos umbrales os matarán.

El Príncipe Verdemar.—¿Y pensáis que habré de encerrarme aquí como en un castillo encantado? Vamos afuera.

El Ventero.—En ese caso, dejad saldada nuestra cuenta.

El Príncipe Verdemar.—Toma.

Le arroja una bolsa llena de oro. El Ventero *la recoge en el aire, haciendo una pirueta. Va* El Príncipe *a salir, y* El Bufón *se le pone delante abriendo los brazos.*

El Bufón.—A un caballero tan generoso, que nos ha pagado la cena de esta noche y que puede pagarnos la de otras, yo no le consiento que vaya a morir como una res.

El Ciego.—Ni yo.

El Príncipe Verdemar.—Dejadme.

EL BUFÓN.—Si quieres salir, puedes hacerlo con un disfraz.

EL PRÍNCIPE VERDEMAR.—Dejadme os digo.

EL CIEGO.—Una cosa es ser valiente y otra ser temerario.

LA MARITORNES.—¡Qué dolor! ¡Un caballero tan joven y tan bien parecido!

EL VENTERO.—Tomad un disfraz, como os aconseja el compadre Bertoldo.

EL BUFÓN.—¿Ves esta criba? Así te pondrán la piel.

EL PRÍNCIPE VERDEMAR.—Abrid la puerta. Veréis cómo mi espada me asegura el camino.

LA MARITORNES.—Gentil caballero, ¿por qué no tomáis un disfraz como os aconsejan vuestros amigos? ¿Queréis mi basquiña?

EL PRÍNCIPE VERDEMAR.—¡Jamás!

EL BUFÓN.—Tomad mi traje de bufón. ¡Siempre que me dejéis el vuestro!

EL PRÍNCIPE VERDEMAR.—¡Sea! Tal vez tu traje me ayude en mis designios.

EL VENTERO.—Entrad ahí.

Desaparecen por un arco que hay en el muro, y casi al mismo tiempo se oye fuera el rumor de los brigantes que manda ESPANDIÁN. *A poco llaman en la puerta con el pomo de los puñales.*

EL BRAVO.—¡Maese Trabuco!

EL VENTERO.—¿Quién va?

EL BRAVO.—¡Abrid con mil diablos!

EL VENTERO.—¿Quién va digo?

EL CIEGO.—¡Espandián con su gente! ¡El Juicio Final!

EL BRAVO.—¡Derribad la puerta, amigos míos!

EL VENTERO.—Esperad. ¿Sois el señor Espandián?

EL BRAVO.—Al fin reconoces mi voz, bergante.

EL VENTERO.—¿Por qué no decíais vuestra gracia? Esperad, que voy por la llave. ¡Daos prisa vosotros!

Abre la puerta. Entra ESPANDIÁN *con su banda. Todos miran de través. Unos se tuercen el mostacho, otros se llevan la mano al puño de la espada, otros permanecen en la sombra, con el embozo a los ojos.* ESPANDIÁN *se adelanta. Y a todo esto,* EL PRÍNCIPE VERDEMAR *se desliza pegado al muro, vestido de bufón. Hace una reve-*

rencia y sale a la noche quimérica y azul, bajo la cara chata de la luna. LA MARITORNES *suspira.*

EL BRAVO.—¿Dónde está ese tocino de cielo?

EL VENTERO.—¿Dónde está ese mozuelo atrevido? Llámale, Maritornes. Que me pague la cuenta, y luego la suya al señor Espandián.

LA MARITORNES.—¡Caballero salid! Acá os buscan. ¿Para qué digo que le buscáis?

EL BRAVO.—Para una urgencia. Pero yo iré a sacarle de su escondite.

Pasa bajo el arco ESPANDIÁN, *con la espada desnuda, y sale trayendo suspendido del cuello al* BUFÓN, *que aparece en pernetas, con calzones de franela amarilla. Entre las manos del* BUFÓN *cuelga lacio el vestido de* EL PRÍNCIPE VERDEMAR.

EL BUFÓN.—Me habéis salvado la vida, señor Espandián. Poco faltó para que ese mozuelo me pasase con su espada. Al pecho me la puso para que le entregase mi sayo. ¡Y no paró ahí! Quiso obligarme a que me pusiese su vestido para que me confundieseis con él y me mataseis. Me habéis salvado, señor Espandián. ¡Dejadme que os bese las manos!

EL BRAVO.—No sé por qué, pero todo lo que cuentas se me antoja una fábula. ¡Ay de ti si fuiste cómplice en el engaño! Venga ese traje.

EL BUFÓN.—Dejad que me lo ponga. Ya deshecho el engaño, no hay reparo...

EL BRAVO.—Venga, digo.

EL BUFÓN.—¿Me dejaréis morir de frío? Ya me he resfriado.

Abre la boca con un gran estornudo y hace la santiguada. El matante pasa a las manos de la coima el vestido de EL PRÍNCIPE VERDEMAR. *La Señora* GEROMA *remira los calzones al trasluz.*

GEROMA.–Algo pasado está. Pero yo te lo dejaré como nuevo.

EL BUFÓN.–Maritornes, ¿quieres prestarme tu basquiña?

LA MARITORNES.–Sólo tengo la puesta.

EL BUFÓN.–¿No te da compasión de verme temblar?

LA MARITORNES.–Acercaos al fuego.

Salta sobre el hogar y se sienta sobre la boca del pote, embullando y farsando para desarrugar el ceño del matante. Se oye fuera un pregón.

GEROMA.–¿Será el pregón de tu cabeza, Espandián?

EL BUFÓN.–Entonces me haríais el favor de dejarme el vestido.

EL PREGONERO.–¡Oíd! El poderoso Rey Micomicón hace saber a todos, caballeros y villanos, que aquel que diese muerte al dragón, salvando la vida de la señora Infantina, será con ella desposado. El poderoso Rey Micomicón dará en dote la mitad de su reino a la señora Infantina.

EL BRAVO.–He ahí una empresa digna de mi brazo. Geroma, tendré que repudiarte.

Escena tercera

En un jardín del palacio del REY MICOMICÓN.
Jardín con rosas y escalinatas de mármol, donde
abren su cola dos pavos reales. Un lago y dos
cisnes unánimes. En el laberinto de mirtos, al pie
de la fuente, está llorando la hija del Rey. De
pronto se aparece a sus ojos, disfrazado de bufón,
EL PRÍNCIPE VERDEMAR

EL PRÍNCIPE VERDEMAR.—¡Señora Infantina!

LA INFANTINA.—¿Quién eres?

EL PRÍNCIPE VERDEMAR.—¿Por qué me
preguntas quién soy cuando mi sayo a voces lo
está diciendo? Soy un bufón.

LA INFANTINA.—Me cegaban las lágrimas y
no podía verte. ¿Qué quieres, bufón?

EL PRÍNCIPE VERDEMAR.—Te traigo un
mensaje de las rosas de tu jardín real. Solicitan
de tu gracia que no les niegues el sol.

LA INFANTINA.—El sol va por los cielos,

mucho más levantado que el poder de los reyes.

EL PRÍNCIPE VERDEMAR.—El sol que piden las rosas es el sol de tus ojos. Cuando yo llegué ante ti, señora mía, los tenías nublados con tu pañolito.

LA INFANTINA.—¿Qué pueden hacer mis ojos sino llorar?

EL PRÍNCIPE VERDEMAR.—Por unos soldados supe tu desgracia, señora Infantina. Dijeron también que estabas sin bufón, y aquí entré para merecer el favor de servirte. Ya sólo para ti quiero agitar mis cascabeles, y si no consigo alegrar la rosa de tu boca, permíteme que recoja tus lágrimas en el cáliz de esta otra rosa.

De un rosal todo florido y fragante que mece sus ramas al viento, EL PRÍNCIPE VERDEMAR *corta la rosa más hermosa y se la ofrece a* LA INFANTINA, *arrodillado ante ella, recordando a un bufón de Watteau.*

LA INFANTINA.—¿Para qué?

EL PRÍNCIPE VERDEMAR.—Para beberlas.

LA INFANTINA.—¿Has probado alguna vez las lágrimas, bufón? ¡Son muy amargas!

El Príncipe Verdemar.—Divino licor para quien tiene por oficio decir donosas sales.

La Infantina.—Pero ¿en verdad eres lo que representa tu atavío?

El Príncipe Verdemar.—¿Por qué lo dudas?

La Infantina.—Porque tienen tus palabras un son lejano que no cuadra con tu caperuza de bufón. ¿Hace mucho que llevas los cascabeles?

El Príncipe Verdemar.—Desde que nací. Primero me cantaron en el corazón; después florecieron en mi caperuza.

La Infantina.—Yo tuve un bufón, que me abandonó poco hace. No se parecía a ti.

El Príncipe Verdemar.—Todos los bufones somos hermanos, pero una misma canción puede tener distintas músicas. ¿Quieres tomarme a tu servicio, gentil señora? Mis cascabeles nunca te serán importunos. Si estás alegre, repicarán a gloria; si triste, doblarán a muerto. Los gobernaré como gobierna las campanas un sacristán.

La Infantina.—Poco tiempo durarías en mi servicio.

EL PRÍNCIPE VERDEMAR.—¿Poco?

LA INFANTINA.—Si conservas esta rosa, puede durar más tiempo en tus manos. ¡Hoy es el día de mi muerte! Para salvar el reino debo morir entre las garras del Dragón.

EL PRÍNCIPE VERDEMAR.—Conservaré la rosa hasta mañana.

LA INFANTINA.—Bufón mío, prométeme que irás a deshojarla sobre mi sepultura.

EL PRÍNCIPE VERDEMAR.—Tú no morirás, Infantina. Mañana cortarás en este jardín otra rosa para tu bufón, que te saludará con la más alegre música de sus cascabeles de oro.

LA INFANTINA.—Aunque esté bajo tierra, creo que los oiré. ¡Qué divino son tienen tus cascabeles!

Se va LA INFANTINA, *y* EL PRÍNCIPE VERDEMAR *la mira alejarse por los tortuosos senderos del laberinto, como perdida o encantada en él. En el fondo excavado de un viejo roble, canta* EL DUENDE.

EL PRÍNCIPE VERDEMAR.—¡Princesa de mis sueños, moriré en la demanda o triunfaré del Dragón!

EL DUENDE.

¡Me diste libertad,
mi palomita real!
¡Palomita que vuelas tan alto,
sin miedo del gavilán!

EL PRÍNCIPE VERDEMAR.—¡Ah! ¡El Duende! Le llamaré en mi auxilio. Afortunadamente, conservo el anillo que me dejó cuando le abrí la puerta del torreón.

EL DUENDE.—Aquí estoy, Príncipe mío. ¿Qué deseas?

EL PRÍNCIPE VERDEMAR.—Tu ayuda para triunfar del Dragón.

EL DUENDE.—Ven conmigo. Tendrás la espada de diamante.

Escena cuarta

Un bosque de mil años, en el Reino del REY
MICOMICÓN. *La señora* INFANTINA *aparece
entre un largo cortejo de damas y meninas, pajes
y chambelanes.* EL MAESTRO DE CEREMONIAS
*anda entre todos batiendo el suelo con su porra
de plata. En los momentos de silencio, meninas y
pajes, damas y chambelanes accionan con el aire
pueril de los muñecos que tienen el movimiento
regido por un cimbel. Saben hacer cortesías y
sonreír con los ojos quietos, redondos y brillantes
como las cuentas de un collar.*

LA INFANTINA.—¡Dejadme aquí!

EL MAESTRO DE CEREMONIAS.—¡Imposible, señora Infantina!

LA INFANTINA.—¡Ved que no puedo más!

EL MAESTRO DE CEREMONIAS.—Imposible acceder a vuestro ruego.

LA INFANTINA.—¡Sois cruel, señor Maestro de Ceremonias! Decidme, al menos, cuánto falta de camino.

EL MAESTRO DE CEREMONIAS.—Yo no puedo decíroslo con certeza. Unos aldeanos a quienes antes interrogué me dijeron que la carrera de un galgo.

LA INFANTINA.—¡Qué camino tan penoso!

EL MAESTRO DE CEREMONIAS.—¡Un poco de ánimo! El paraje donde el Dragón se come a las Princesas ya no puede hallarse muy distante. ¡La carrera de un galgo no es gran cosa!

LA INFANTINA.—¡Estoy desfallecida!

EL MAESTRO DE CEREMONIAS.—Descansad un momento.

LA INFANTINA.—¡No puedo dar un paso! ¿Por qué no me dejáis aquí, señor Maestro de Ceremonias?

EL MAESTRO DE CEREMONIAS.—¡Imposible, señora Infantina! ¡La etiqueta establece que seáis entregada al Dragón en la Fuente de los Enanos! ¡Es el uso desde hace dos mil años! La Corte del Rey vuestro padre mantiene en vigor las pragmáticas del buen Rey Dagoberto, y por la decimoquinta se establece que cada vez que el Dragón se presente a reclamar una Princesa, ésta le sea llevada a la Fuente de los Enanos. ¡No podemos romper una tradición tan antigua!

LA INFANTINA.—Por lo mismo que es antigua, señor Maestro de Ceremonias!

LA DUQUESA.—Casi estoy por darle la razón a mi señora la Infantina. Ya sabéis que soy severísima en cuanto atañe a la etiqueta; pero ahora me siento compadecida. Si el Dragón es el soberano del bosque, poco puede importarle que la señora Infantina le sea entregada en la Fuente de los Enanos o en otro paraje de sus dominios.

EL MAESTRO DE CEREMONIAS.—¡Mentira me parece oír eso de vuestros labios, Duquesa! ¡Vos, educada en la etiqueta del gran siglo!

LA INFANTINA.—Pero toda vuestra etiqueta, señor Maestro de Ceremonias, la guardáis para el Dragón. ¡Para mí, que me veis rendida de cansancio, ni etiqueta ni compasión!

EL MAESTRO DE CEREMONIAS.—Yo sigo los usos tradicionales de la Corte.

LA DUQUESA.—Amigo mío, consultad si hay precedentes de que otra Infantina se haya fatigado en el camino como nuestra señora, y ved lo que se ha hecho entonces.

LA INFANTINA.—¡Ya os digo que no puedo andar! Con precedentes o sin ellos, aquí me siento y de aquí no me muevo.

EL MAESTRO DE CEREMONIAS.—¡Estas maneras, Duquesa, no las habréis visto en el gran siglo!

LA DUQUESA.—En todo tiempo, amigo mío, hubo niñas voluntariosas y mimadas.

EL MAESTRO DE CEREMONIAS.—¿Qué hacéis, señora Infantina?

LA INFANTINA.—Descansar a mi gusto, señor Maestro de Ceremonias. Voy a morir para salvar al reino de ser destruido, no para que vos hagáis alarde de vuestra ciencia como Maestro de Ceremonias. Todos reconocemos vuestra erudición. Sois en el reino de mi padre el más sabio de los tontos. Pero yo soy una niña que sólo sabe morir por salvaros a todos. Nunca he leído las pragmáticas del Rey Dagoberto, y no es cosa de que en este momento me aburráis con ellas.

EL MAESTRO DE CEREMONIAS.—¿Qué le diremos al Rey vuestro padre? ¿Qué disculpa le daremos?

LA INFANTINA.—Llevadle mis chapines y decidle que me hacían tanto daño que no podía andar con ellos.

LA DUQUESA.—¡Una idea! Haced lo que os dice la señora Infantina, y entablad una reclamación contra el zapatero. Eso podría arreglarlo todo.

EL MAESTRO DE CEREMONIAS.—No habrá otro remedio que considerarlo caso de fuerza mayor.

LA DUQUESA.—Dadme a besar vuestras

manos, niña mía. Dejad que os llame así esta última vez que nos vemos. No debías ser, no, la primera en partir del mundo. ¡Ah! ¡Quién pudiera morir por vos!

LA INFANTINA.—¡Adiós, Duquesa! Decidle al Rey mi padre que muero contenta porque salvo a su reino.

EL MAESTRO DE CEREMONIAS.—No me guardéis rencor, señora Infantina, y dadme también las manos a besar.

LA INFANTINA.—Con toda mi alma. Si ahora me habéis mortificado, no puedo olvidar que cuando niña me habéis divertido enseñándome la pavana y el minué. Pero si el Cielo alarga tanto vuestra vida que podáis conducir otra princesa como tributo al Dragón, recordad que hay precedentes, y que no es preciso llegar a la Fuente de los Enanos.

EL MAESTRO DE CEREMONIAS.—La pena de no ver a mi señora la Infantina me matará este invierno.

LA DUQUESA.—¡Adiós, mi niña adorada!

LA INFANTINA.—¡Adiós!

EL MAESTRO DE CEREMONIAS.—Vamos, Duquesa, que si la noche nos coge en el bosque no sabremos salir.

LA DUQUESA.—¿Hay lobos?

EL MAESTRO DE CEREMONIAS.—¡Siempre hay lobos en los bosques!

LA DUQUESA.—¡Y no lleváis armas!

EL MAESTRO DE CEREMONIAS.—Llevo el Discurso de la Corona. ¿No sabéis que los lobos se ahuyentan con la música?

LA DUQUESA.—Niña mía, perdona que te deje con tal premura; pero ya comprendes cómo tendría que morirme de vergüenza si la noche me cogiese sola en el bosque con el señor Maestro de Ceremonias. Vamos.

EL MAESTRO DE CEREMONIAS.—Os daré la mano.

LA DUQUESA.—¡Gracias! ¿Lleváis los chapines de la Infantina?

EL MAESTRO DE CEREMONIAS.—¡Aquí los llevo! En estos momentos supremos no he querido contradecir a la pobre niña, pero los usos tradicionales no pueden cambiar, porque en esta ocasión, única en dos mil años, no hayamos llegado a la Fuente de los Enanos.

LA DUQUESA.—¿Vos no aceptáis que sea un precedente?

EL MAESTRO DE CEREMONIAS.—¡De ninguna manera! Podría serlo, en todo caso, para modificar la forma de los chapines haciéndolos más cómodos para caminar por estos andurriales, pero de ninguna manera para modificar una pragmática del buen Rey Dagoberto. ¡Adónde iríamos a parar!

LA INFANTINA *queda sola en el bosque, sentada al pie de un árbol lleno de nidos y de cantos de ruiseñor. Damas y chambelanes, meninas y pajes se retiran lentamente. Con sus ojos de porcelana y sus bocas pueriles tienen un aire galante y hueco de maniquíes.*

LA INFANTINA.—¡Guerreros soberanos de mi estirpe! ¡Reyes y Reinas! ¡Blancas Princesas, como yo sacrificadas a la furia del monstruo! ¡Dadme el aliento para saber morir! Me cubriré con mi manto. ¡No quiero que puedan ver el miedo en mi rostro ni aun los pájaros del cielo!

Aparece EL REY MICOMICÓN, *la melena al viento. Es un gigante de cien años, con largas barbas como el viejo Emperador Carlomagno. Camina desorientado, y al ver a su hija, la señora* INFANTINA, *da un gran grito.*

EL REY MICOMICÓN.—¡Hija! ¡Al fin te encuentro!

La Infantina.—¿Cómo estáis aquí, padre mío?

El Rey Micomicón.—He salido del palacio disfrazado. Vengo para salvarte. ¡Oh! ¡Qué zozobras he sentido al correr este bosque sin hallarte por parte alguna! ¡Creía llegar tarde! ¡Vamos, hija mía! Cerca de aquí me espera tu paje fiel, con un caballo.

La Infantina.—No tengo chapines, padre mío.

El Rey Micomicón.—¡Oh! ¡Qué niña loca! Te llevaré en brazos.

LA INFANTINA.—¿Adónde, padre mío?

EL REY MICOMICÓN.—A una tierra lejana y feliz donde no haya monstruos. Para salvarte, renuncio mi corona.

LA INFANTINA.—Y vuestro reino todo será abrasado por los ojos del Dragón. ¡No, padre mío!

EL REY MICOMICÓN.—Entonces ya no sería mi reino, hija querida.

LA INFANTINA.—Yo quiero salvar a todos los que una vez besaron mis manos como Infantina. ¡Dejad, señor, que se cumpla mi destino de flor que deshoja el viento!

EL REY MICOMICÓN.—¡Qué triste fin el de mi reinado!

LA INFANTINA.—¡Volved al palacio, señor! Haced feliz a vuestro pueblo. Ahora que sois desgraciado podréis conseguirlo mejor, que son los ojos más clementes los que miran llenos de lágrimas. Apartaos las barbas con la mano para que os pueda besar.

EL REY MICOMICÓN.—¡Adiós, hija mía, Blanca Flor!

LA INFANTINA.—¡Adiós, padre mío!

EL REY MICOMICÓN.—¡Nunca pensé que pudiese recorrer un camino tan lleno de espinas siendo Rey!

Se aleja EL REY *por aquel bosque antiguo, lleno de ecos como un sepulcro. Camina despacio y con anhelo, sacudida la espalda por los sollozos. Aparece* EL PRÍNCIPE VERDEMAR *con una armadura resplandeciente, semejante a un Arcángel.*

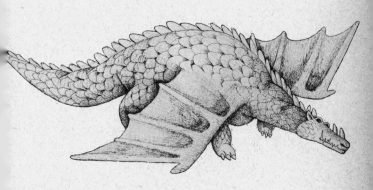

EL PRÍNCIPE VERDEMAR.—Princesa de mis sueños, soy un enamorado de tu hermosura, y vengo de lejanas tierras para vencer al Dragón.

LA INFANTINA.—El Dragón es invencible, noble caballero.

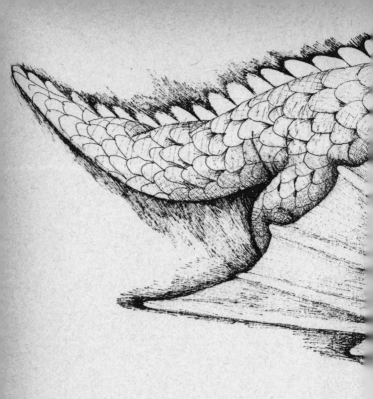

EL PRÍNCIPE VERDEMAR.—Si fuese como dices, bastaría para mi gloria dar la vida en tu defensa. ¡Ya está ahí el Dragón!

Óyese el vuelo del DRAGÓN *rompiendo las ramas de los árboles y asustando a los pájaros. Es un monstruo que tiene herencia de la serpiente y del caballo, con las alas del murciélago.*

LA INFANTINA.—Yo no quiero que tan noble vida se aventure a una muerte cierta. Huid, generoso paladín.

EL PRÍNCIPE VERDEMAR.—Son hermanos tu destino y mi destino. Sea una nuestra suerte, y la estrella de la tarde, que ahora nace en el cielo, vea nuestra desgracia o nuestra ventura.

EL PRÍNCIPE VERDEMAR *pelea con el* DRAGÓN. *La boca del monstruo descubre siete hileras de dientes. Hay un momento en que el paladín siente desmayar su brío. Pero le anima el sentimiento divino del amor, y levantando a dos manos la espada, que parece un rayo de sol, da muerte al* DRAGÓN.

LA INFANTINA.—¿Quién sois, que poseéis la espada de diamante? Vuestra es mi vida, valeroso guerrero. Llevadme a la Corte de mi padre, y mi reino será vuestro.

EL PRÍNCIPE VERDEMAR.—Sólo puedo conduciros hasta las puertas de la ciudad. Un voto me impide entrar en poblado.

LA INFANTINA.—Juradme al menos que aún os veré otra vez.

EL PRÍNCIPE VERDEMAR.—Os lo juro.

LA INFANTINA.—¡Ay! No tengo chapines.

EL PRÍNCIPE VERDEMAR.—Yo tengo para ti, Infantina, unos chapines de oro.

EL DUENDE *sale de la enramada con unos chapines de piedras preciosas, y los deja sobre la yerba. De un salto, como lo dan las ranas y los sapos, desaparece.*

LA INFANTINA.—¡Oh! ¡Qué lindos! Sólo las hadas de los cuentos los tienen así.

EL PRÍNCIPE VERDEMAR.—¿Me dejas encerrar en ellos los lirios de tus pies?

LA INFANTINA.—¿Y tú no olvidarás la promesa de volver a verme?

EL PRÍNCIPE VERDEMAR.—Aun cuando quisiera olvidarla, no podría.

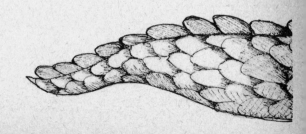

Se alejan, y buscan el camino el uno en los ojos del otro. Y van así por el bosque, que empieza a llenarse de sombras, y los ruiseñores cantan en sus nidos. EL DUENDE *sale cauteloso del tronco de un árbol. Pone el pie sobre la cabeza del* DRAGÓN *y le arranca la lengua.*

EL DUENDE.—Le extraeré el veneno de la lengua y lo venderé en la Corte del Rey Mico-micón a los poetas y a las damas que murmuran de todo.

UNA PASTORA PASA CANTANDO:
  ¡Quien a la sierpe matará,
  con la Infantina casará!
  ¡Quien diere muerte al Dragón,
  reinaría en el reino de Micomicón!

Escena quinta

*En los jardines reales. El pavón, siempre con la
cola abierta en abanico de fabulosos iris, está
sobre la escalinata de mármol que decoran las
rosas. Y al pie, la góndola de plata con palio de
marfil. Y los cisnes duales en la prora bogando,
musicales en su lira curva.* LA INFANTINA *pasea
en la góndola.* LA DUQUESA *le da compañia en
calidad de dama de respeto.*

LA DUQUESA.—Ya veis cómo me había vestido de luto. No me importa, porque un vestido negro nunca sobra. ¿Y decís, niña mía, que era un bello paladín?

LA INFANTINA.—Bello más que el sol.

LA DUQUESA.—¿Cómo no habrá venido a recibir la recompensa? Sin duda, no sabe que al vencedor le será otorgada vuestra mano.

LA INFANTINA.—¡Acaso no me ame!

LA DUQUESA.—¿No amaros, y os ha visto? Y aun cuando no fuese para desposaros, debía venir para que le conociésemos las damas de la Corte.

La Infantina.—¡Él me prometió venir un día!

La Duquesa.—Entonces cumplirá su palabra.

La Infantina.—Yo le espero siempre.

La Duquesa.—¿Vos ya le amáis?

La Infantina.—Cuando se me apareció en el bosque creí que le había visto otra vez. Pero ¡no pude reconocerle!

La Duquesa.—¿Le habías visto en sueños?

La Infantina.—Eso pensé yo.

La Duquesa.—Si me dais permiso, voy a quitarme estas tocas de luto. Me vestiré de colorado.

Desembarcan en la escalinata de mármol. El Príncipe Verdemar, *con traje de bufón, las saluda haciendo una pirueta.* La Duquesa *da un respingo, porque odia la parla atrevida y aviesa de tales locos.* El Príncipe *le grita a la oreja.*

El Príncipe Verdemar.—¿Vestiros de colorado? ¡No hagáis tal!

La Duquesa.—¡Qué necio asombro!

El Príncipe Verdemar.—Duquesa gaitera os van a llamar.

La Duquesa.—No me importa.

El Príncipe Verdemar.—Además, siempre es peligroso vestir de colorado en la Corte.

La Duquesa.—¿Por qué?

El Príncipe Verdemar.—Es el color con que se llama a los toros.

La Duquesa.—Con vuestro permiso, señora Infantina.

La Duquesa, *con un gesto impaciente, rechaza al bufón.* El Príncipe Verdemar *le hace una mueca. Después, como si un pensamiento le cambiase el rostro y el alma, suspira contemplando a* La Infantina.

La Infantina.—A tiempo llegas para divertirme, bufón.

El Príncipe Verdemar.—¿Estás triste, señora mía? ¿Cuáles son tus penas?

La Infantina.—No tengo penas. Sólo tengo recuerdos y quiero olvidar.

El Príncipe Verdemar.—No se olvida cuando se quiere.

La Infantina.—Dicen que hay una fuente...

El Príncipe Verdemar.—Esa fuente está

siempre al otro extremo del mundo. Para llegar a ella hay que caminar muchos años.

LA INFANTINA.—Pero ¿se olvida al beber sus aguas?

EL PRÍNCIPE VERDEMAR.—Se olvida sin beberlas. Es el tiempo quien hace el milagro, y no la fuente. Cuando una peregrinación es larga, se olvida siempre...

LA INFANTINA.—¿Y se es feliz al olvidar?

EL PRÍNCIPE VERDEMAR.—Eso podrán decírtelo los viejos.

LA INFANTINA.—Se lo preguntaré a la Duquesa.

EL PRÍNCIPE VERDEMAR.—¡No hagas tal, señora mía! La Duquesa no ha olvidado por vieja, sino por mujer. Y tú, ¿has olvidado con qué palabra me diste esta rosa?

LA INFANTINA.—¡Es verdad! Tú fuiste el único que encendió mi corazón con una esperanza, asegurándome que no sería víctima del Dragón. ¿Cómo podías saberlo?

EL PRÍNCIPE VERDEMAR.—Se lo pregunté a una margarita deshojándola.

LA INFANTINA.—¿Y no le has preguntado si un día volverá mi paladín?

EL PRÍNCIPE VERDEMAR.—Se lo he preguntado.

LA INFANTINA.—¿Y qué dijo la flor?

EL PRÍNCIPE VERDEMAR.—Que volverá.

Aparece EL REY MICOMICÓN, *con manto de armiño, corona y cetro. Los cortesanos aparecen tras él. Damas y galanes cambian sonrisas y miradas pueriles.*

EL REY MICOMICÓN.—¡Hija mía, Blanca Flor, logrado es tu anhelo! Un heraldo acaba de anunciarme la llegada del caballero vencedor del Dragón. ¿Oyes el son de esa trompa? Su poderoso aliento la hace sonar.

La Infantina.—¡Cómo tiembla mi corazón al esperarle!

El Príncipe Verdemar.—Aquella tarde que imaginabas ir a la muerte, me ofreciste una rosa si volvías a tu jardín. ¡Que la dicha no te haga veleidosa!

La Infantina.—Te la daré otro día.

El Príncipe Verdemar.—¡Ay, mi señora! ¡Qué pronto aprendiste la ciencia del olvido! Sólo deseo que te sirva para ser feliz.

La Infantina.—Déjame, bufón. Tendrás, en vez de la rosa, un vestido nuevo, y eso saldrás ganando.

El Príncipe Verdemar.—Un paladín se anuncia como tu salvador, y no podrás reconocerle. ¡Cuando olvida el corazón, también olvidan los ojos!

El Maestro de Ceremonias.—¡Señora Infantina! ¡Oíd! Pide venia para saludaros el más poderoso caballero de la Cristiandad, el que ciñe la espada de diamante, el que dio muerte al Dragón.

Aparece Espandián. *Las guías del mostacho estupendas y retorcidas, casi le tocan las orejas. Su espadón, de siete cuartas, da tem-*

blores. Por bajo el ala del chapeo, uno de sus ojos asesta terribles miradas, porque el otro lo trae cubierto con un parche.

EL BRAVO.—Hija del Rey, dame tus manos a besar.

LA INFANTINA.—¿Dónde queda tu señor?

EL BRAVO.—Nunca tuve señor.

LA INFANTINA.—El valeroso paladín a quien debo la vida, y de quien, sin duda, traes algún mensaje, ¿dónde queda?

EL BRAVO.—Yo soy ese paladín, hija del Rey. Me desconoces porque las lágrimas te cegaban en aquellos momentos y no te permitían ver bien. Era como si tuvieses telarañas en los ojos.

LA INFANTINA.—¡Aquél era un hermoso caballero!

EL BRAVO.—¿Yo no te parezco hermoso?

LA INFANTINA.—¡Tú eres un impostor! Padre mío, mandad que le azoten.

EL REY MICOMICÓN.—Si es verdad lo que dices, le mandaré ahorcar.

EL BRAVO.—Rey de Micomicón, te daré tales pruebas, que sea imposible dudar de mis palabras. Tu hija es natural que no me reconozca. En aquel instante debí parecerle bello como un arcángel. ¡Además, ya he dicho que lloraba hilo a hilo!

EL REY MICOMICÓN.–Seca tus ojos, hija mía. Mírale bien. ¿No hay ningún rasgo que te lo recuerde?

LA INFANTINA.–Ninguno.

EL REY MICOMICÓN.–¿La voz acaso?

LA INFANTINA.–¡Era una música aquella voz!

EL BRAVO.–Como ahora estoy ronco, no la reconoce.

EL REY MICOMICÓN.–¿Qué pruebas puedes darme de que eres tú quien dio muerte al Dragón?

EL BRAVO.–La cabeza del monstruo.

EL REY MICOMICÓN.–¿Dónde está?

EL BRAVO.–La guardan mis criados, que esperan a la puerta del palacio.

EL REY MICOMICÓN.–¡Que comparezcan inmediatamente!

EL BRAVO.–Tocaré mi bocina.

ESPANDIÁN *sopla en un caracol marino con tan potente aliento, que los pájaros caen de los árboles. Se presentan cuatro bandoleros, que en unas andas de ramaje traen la cabeza del*

DRAGÓN. *Al verla algunas damas se cubren los ojos y miran por entre los dedos.*

EL REY MICOMICÓN.—¡Caminan agobiados!

EL BRAVO.—Es pesada como una tesis doctoral. ¡Vedla! Mi espada le atravesó la frente... Catad el agujero.

EL REY MICOMICÓN.—Hija mía, toda duda es imposible. Vuelve los ojos a este valeroso caballero, pídele perdón por haber dudado y ofrécele tu mano.

LA INFANTINA.—¡Jamás! ¡Es un impostor os digo! Mandad que le azoten.

EL REY MICOMICÓN.—¿Tampoco reconoces la cabeza del monstruo?

EL MAESTRO DE CEREMONIAS.—¡Siete hileras de dientes, como relata la crónica del buen Rey Dagoberto!

EL REY MICOMICÓN.—¿Reconoces este trofeo?

LA INFANTINA.—¡Oh! ¡Yo me vuelvo loca! ¡Por qué no hallé la muerte en el bosque!

EL BRAVO.—No has visto bien estas siete hileras de dientes.

BERTOLDO, *el antiguo bufón de la señora Infantina, aparece de improviso, temblando dentro de sus calzones de bayeta amarilla y dando tiritones.*

EL BUFÓN.—Compadre, al fin nos vemos las caras, y en paraje tal donde no dejarán de hacer justicia. ¡Sabed que este hombre me ha robado!

EL REY MICOMICÓN.—¡Silencio, truhán!

LA INFANTINA.—Dejadle hablar, padre mío. Ven a mi lado, Bertoldo.

EL BUFÓN.—Soñé con ir a las Indias, y por eso dejé a mi señora la Infantina. ¡Nunca lo hubiera hecho! En una venta hallé con un generoso caballero que me cambió su traje galán por mi sayo de bufón. ¡Y ese bergante, escapado de galeras, me lo robó! Antes tuvo pendencia con el caballero, y se ganó una herida en un brazo. Que se arremangue y la veréis.

EL BRAVO.—No es preciso. He reñido porque mi descanso es pelear. ¡Alcancé una herida, pero maté a mi adversario!

EL BUFÓN.—Todo es fantasía. Pero en ello no entro ni salgo. ¡Que diga por qué me robó el vestido!

EL BRAVO.—Lo guardé como trofeo de mi victoria.

EL REY MICOMICÓN.—¡Basta! Tú tendrás otro vestido, Bertoldo.

EL BRAVO.—Tendrás dos. Uno del Rey y otro mío.

EL REY MICOMICÓN.—Este caballero, a quien has injuriado, como villano que eres, es el prometido de tu señora la Infantina Blanca Flor. ¡Pídele perdón!

EL BUFÓN.—¡Prometido de mi señora un capitán de bandoleros! ¡El pícaro Espandián!

EL REY MICOMICÓN.—¿Tú eres Espandián?

EL BRAVO.—Señor, yo soy Espandián.

LA INFANTINA.—¡Ya veis cómo tenía razón!

EL REY MICOMICÓN.—Tu cabeza está pregonada.

EL BRAVO.—Señor, mi cabeza estaba pregonada, pero creo haberla rescatado con la cabeza de Dragón.

EL REY MICOMICÓN.—¿Y crees también poder casarte con mi hija la Infantina Blanca Flor?

EL BRAVO.—Rey, yo sólo creo en tu palabra.

EL REY MICOMICÓN.—¿Qué dices, hija mía muy amada? Yo di mi palabra real de hacer tus desposorios con aquel que diese muerte al Dragón. ¿Quieres que sea perjuro a mi palabra?

LA INFANTINA.—¡No, Rey Micomicón! Pero tu hija te ofrece morir para salvar el honor de su estirpe soberana.

EL REY MICOMICÓN.—Oye con calma, hija mía. Espandián no es un bandolero vulgar. Reina en los montes, y en los caminos tiene una hueste aguerrida y numerosa. Si yo le concedo beligerancia...

LA INFANTINA.—¡No hables así, padre mío!

EL REY MICOMICÓN.—Aun sin matar al Dragón, podría ser uno de mis nobles. ¿Imaginas que es otro el origen de mis Pares y mis Duques?

LA INFANTINA.—Padre mío, moriré, porque no le amo y porque el corazón me dice que es un impostor.

EL REY MICOMICÓN.—¡Eso ya es histerismo!

EL PRÍNCIPE VERDEMAR.—¡Tu fe te salva, Infantina Blanca Flor! Rey, manda que venga un carnicero, un cirujano, un asesino o un general que haya cortado muchas cabezas.

EL REY MICOMICÓN.—¡Que venga el heroico General Fierabrás!

EL MAESTRO DE CEREMONIAS.—Señor, hace veinte años que está encamado.

EL REY MICOMICÓN.—¡Que se levante para servir a su Rey!

EL PRÍNCIPE VERDEMAR.—Escucha, poderoso Rey de Micomicón, y tú, dulce Infantina, enjuga tus lágrimas y escucha también.

LA INFANTINA.—¡Oh! ¡Qué ilusión! Me pareció que tus palabras me traían como un aire lejano, la música de aquella voz. Habla, bufón mío.

EL PRÍNCIPE VERDEMAR.—El corazón no te engañaba al decirte que ese hombre era un impostor.

LA INFANTINA.—¡Lo veis, padre mío!

EL BRAVO.—¿Eres tú quien lo afirma?

EL PRÍNCIPE VERDEMAR.—¡Yo!

EL REY MICOMICÓN.—Aquí está el heroico General Fierabrás.

El heroico General FIERABRÁS *viene por el fondo del jardín apoyado en dos chambelanes. Es un viejo perlático, con el pecho cubierto de cruces y la cabeza monda. La punta de la nariz le gotea sin consideración, como una gárgola.*

EL PRÍNCIPE VERDEMAR.—Tú, que eres el héroe del reino, ¿habrás cortado muchas cabezas?

FIERABRÁS.—¡No, hijo mío!

EL PRÍNCIPE VERDEMAR.—¡Te llaman Fierabrás!

FIERABRÁS.—Es nombre que me puso mi mujer, porque tenía mal genio en casa.

El PRÍNCIPE VERDEMAR.—Eres el héroe del reino. Acabas de recibir el último entorchado.

FIERABRÁS.—Ha sido por combatir la filoxera.

EL PRÍNCIPE VERDEMAR.—Yo quería preguntarte si habías cortado alguna cabeza que no tuviese lengua.

FIERABRÁS.—¿Es una adivinanza?

EL PRÍNCIPE VERDEMAR.—No, invicto General.

FIERABRÁS.—Todas las cabezas tienen lengua. ¿Está sin lengua alguno de vosotros? ¡Qué importa que la cabeza se halle sobre los hombros o separada!

EL PRÍNCIPE VERDEMAR.—Pues esa cabeza no tiene lengua.

EL REY MICOMICÓN.—¿Tú lo sabes?

EL PRÍNCIPE VERDEMAR.—Podéis verlo vos mismo.

EL REY MICOMICÓN.—Abridle las fauces. ¡Ah!... ¡No tiene lengua!

EL PRÍNCIPE VERDEMAR.—Pero la tuvo. Vedla aquí.

EL REY MICOMICÓN.—¿Qué quieres decir?

EL PRÍNCIPE VERDEMAR.—Que soy quien ha dado muerte al Dragón.

LA INFANTINA.—¡Por eso tu voz encantaba mi oído, y tu mirada hacía latir mi corazón! ¡Ahora te reconozco!

EL REY MICOMICÓN.—Hija mía muy amada, podías ser la esposa de ese hombre, porque un bandolero puede ser tronco de un noble linaje, como nos enseña la Historia. Pero no puedes ser la esposa de un bufón.

LA INFANTINA.—Sí, padre mío, porque le amo.

EL REY MICOMICÓN.—Tomarás la cicuta, como aquel filósofo antiguo. Traedle una taza, Duquesa.

LA DUQUESA.—¡Oh, qué tragedia! ¡Y yo, que no puedo llorar! ¿Queréis la cicuta muy azucarada, niña mía?

LA INFANTINA.—¡Padre mío, dejadme casar con el que amo!

EL REY MICOMICÓN.—Un bufón no puede ser tronco de una monarquía.

EL PRÍNCIPE VERDEMAR.—Pero un Príncipe, sí. Yo soy Verdemar, hijo de tu amigo el Rey Mangucián. Mira, Señor, cómo tengo en el pecho la flor de lis, distintivo de todos los Príncipes de mi sangre.

EL REY MICOMICÓN.—¡Oh Príncipe Verdemar! Tú reinarás en mi reino con la Infantina.

EL PRÍNCIPE VERDEMAR.—Princesa, señora mía, estás en deuda con tu bufón. Me debes una rosa.

LA INFANTINA.—Te daré todas las rosas del rosal.

EL PRÍNCIPE VERDEMAR.—Y los lirios de tus manos a besar.

EL REY MICOMICÓN.—Entremos al palacio, hijos míos. El relente de la noche es malo para los enamorados.

EL BUFÓN.—Y a mí, ¿no me haceis justicia?

EL REY MICOMICÓN.—¿Qué justicia pides?

EL BUFÓN.—Que me sea devuelto el vestido que me robó Espandián. No dejeis libre a este pícaro, porque se escapará.

EL REY MICOMICÓN.—Que sea atado al tronco de un árbol, hasta que venga el verdugo.

EL BRAVO.—¡Poderoso señor, muévate a la clemencia el recuerdo de que estuve al tris de ser tu yerno!

EL REY MICOMICÓN.—No menciones tal oprobio porque mandaré arrancarte la lengua.

EL BRAVO.—Señora Infantina, yo hubiera querido vencer al Dragón. Pero la suerte lo dispuso de otro modo, y llegué tarde. Piensa que pudo ser mi dicha la de ese noble Príncipe. ¡Halle gracia en tu corazón el caballero Espandián!

LA INFANTINA.—¡Perdonadle, padre mío!

EL REY MICOMICÓN.—Atendiendo a que lo pide mi hija, muy amada, te perdono la vida.

EL BRAVO.—Gracias, poderoso Rey Micomicón.

EL REY MICOMICÓN.—Pero sufrirás la pena de azotes.

EL BRAVO.—¡La pena de azotes! ¡Una pena infamante al caballero Espandián! ¡Una pena peor que la muerte, si el verdugo tiene la mano dura!

EL BUFÓN.—Compadre, te ha cegado la ambición. No conviene querer subir tan alto. ¿Y para qué, compadre? ¿Qué ibas ganando? Imaginas que el Príncipe Verdemar, al casarse con la Infantina, va a estar mejor que yo, siendo su bufón. ¡No lo sueñes! Los peores humores serán para el marido. Y tú, que eres rey de los caminos reales, y archipámpano de las diligencias, ¿qué podías hallar que no tuvieses en este mísero Estado de Micomicón?

¡Se puede ambicionar ser rey del tabaco, del cacao, del azúcar y de los rábanos! ¡Se puede ambicionar ser rey del petróleo, de los diamantes y de las perlas! ¡Se puede ambicionar ser rey de una sierra por donde haya trajín de carromatos, mulateros y feriantes! Pero ¡rey constitucional en el Estado de Micomicón! ¡Estabas loco, compadre Espandián!

EL BRAVO.—¡Calla, imbécil! ¿Imaginas que no me hice cargo? Pero quise buscar un retiro para la vejez. Me habían dicho que se cobraba bien.

EL BUFÓN.—¡Eso sí! ¡Y en oro!

Se oye el planto de la señora GEROMA, *que aparece haldeando, jipando y manoteando. Sus clamores pueblan el jardín. Llegando al árbol donde está atado* ESPANDIÁN, *suspira y pone los ojos en blanco.*

GEROMA—¡Espandián! ¡Marido mío! ¡Brazo de fierro! ¡No pensabas ayer, cuando me pediste el agua para lavarte el cuello, que el verdugo te ensebaba la cuerda! ¡Espandián! ¡Marido mío, que no te ponías calcetas por no darle a tu Geroma el trabajo de remendártelas! ¡Y eres tan lechuguino como el primero!

Escena última

Los palacios del REY MICOMICÓN. *En la sala de los banquetes. Bajo la gran arcada que se abre sobre el jardín de los cisnes y las rosas acaban de tropezarse* BERTOLDO, *el antiguo bufón de la señora* INFANTINA, *y el* CIEGO DE LAS GACETAS. *Satisfechos de hacer nuevo conocimiento, se abrazan. El perro toma parte en estas efusiones, poniéndose en dos patas.*

EL BUFÓN.—¡Ya estás de vuelta, compadre Zacarías!

EL CIEGO.—¡Y tú también, compadre Bertoldo!

EL BUFÓN.—Como me habían robado el vestido, no pude embarcar. Antes de poner el pie a bordo ya parecía un náufrago.

EL CIEGO.—Yo tampoco pude embarcar, pero no fue por falta de vestido. Había tomado pasaje para mí solo y no me admitían al perro. Querían que pagase como si fuese una persona.

EL BUFÓN.—Las personas son las que debían pagar como perros, porque de tales reciben el trato en esos barcos de emigrantes.

EL CIEGO.—Me quedé en tierra, y acá me vine a la querencia de mi antiguo oficio. Vuelvo a vender las gacetas a la gente del Palacio.

EL BUFÓN.—¿Y qué tal?

EL CIEGO.—Estos días se hace algo con motivo de las bodas reales, y, sobre todo, con la vista del proceso de Espandián. Pero el agosto está cuando hay denuncias. Entonces vendo de oculto. Si se habla mal del Rey, todos los palaciegos pican.

EL BUFÓN.—Hoy se celebra el gran banquete.

EL CIEGO.—Ya han salido cuatro extraordinarios. Se matan los unos a los otros.

EL BUFÓN.—Perdona que te interrumpa. Pasa el cortejo de la boda y tengo que ir a pisarle la cola a la Duquesa.

Se van EL CIEGO *y* EL BUFÓN. *Aparecen hablando* EL PRÍNCIPE VERDEMAR *y* EL DUENDE. EL DUENDE *trae los zuecos llenos de barro, y se detiene en la arcada para limpiárselos con unas pajas.* EL PRÍNCIPE VERDEMAR *está vestido de oro y seda.*

EL DUENDE.—El Rey de Micomicón, tu suegro, ¿ha invitado a tu padre el Rey Mangucián?

EL PRÍNCIPE VERDEMAR.—Creo que sí.

EL DUENDE.—¿Tú no le has visto?

EL PRÍNCIPE VERDEMAR.—No. Pero me ha parecido que era uno que roncaba en la capilla durante la ceremonia.

EL DUENDE.—Yo deseo servirle en el banquete.

EL PRÍNCIPE VERDEMAR.—Le servirás.

EL DUENDE.—Pero será tan sólo un corazón de cordero crudo y sin sal, en un plato de oro.

EL PRÍNCIPE VERDEMAR.—Ya está aquí todo el cortejo.

De pronto EL DUENDE *se hace invisible. Por todos los arcos aparece el cortejo de las bodas. Reyes y Reinas con corona y manto, y cada cual por su puerta. Detrás, los séquitos.* EL PRÍNCIPE *hace un paso muy gentil, para tomar de la mano a* LA INFANTINA. *Los Reyes ocupan sus sitiales. Los coperos les llenan las copas, los esclavos se arrodillan para ofrecer las fuentes gigantescas, llenas de perniles.* EL DUENDE *aparece con un plato de oro en la mano y se detiene ante* EL REY MANGUCIÁN.

EL REY MICOMICÓN.—Yo estoy desfallecido. Dejad que la gente se coloque como quiera, Señor Maestro de Ceremonias, solamente que mi amigo el Rey Mangucián tenga su sitial a mi derecha. Supongo que no faltará comida. Se han sacrificado un toro y siete corderos.

EL REY MANGUCIÁN *toma asiento a la diestra de* EL REY MICOMICÓN *y bosteza con deleitable largura, como si ello fuese el mejor aperitivo para disponerse a comer. Después prende un bocado, lo muerde y palidece de cólera.*

EL REY MANGUCIÁN.—¿Qué me habéis servido en este plato? Te declararé la guerra por la burla, Rey de Micomicón.

EL REY MICOMICÓN.—Repórtate, Rey Mangucián. Lo que te han servido es un sabroso pernil.

EL REY MANGUCIÁN.—No, esto no es pernil. Precisamente el pernil es uno de los platos en que yo me chupo los dedos.

Los dos Reyes se miran airados. EL REY MANGUCIÁN *ha puesto mano a la espada y se ha sujetado la corona en la cabeza.* EL REY MICOMICÓN *hace lo mismo. Los cortesanos dan un grito y quedan espantados: las bocas abiertas, el bocado en el aire y la copa en la mano.* EL DUENDE *deja oír su voz burlona.*

EL DUENDE.—Cierto. Lo que en este plato de oro acabo de servirte, poderoso Rey Mangucián, es corazón de cordero crudo y sin sal. ¿No era así como clamabas un día por comerte el corazón de aquel Príncipe, hijo tuyo, que había dado libertad al Duende? ¡Ya ves que el plato no es muy sabroso! Los perros, los leones, los tigres, los lobos y los gatos se comen la carne cruda y sangrienta, porque tienen en sus estómagos una gran cantidad de ácido clorhídrico que les hace fácil digerirla. Pero los Reyes, si un tiempo remoto pudieron hacer lo mismo, hoy, por la evolución de las especies, ya no pueden. Al perder en regalías, perdieron en potencia estomacal. Los Reyes constitucionales sólo pueden ser vegetarianos.

EL REY MANGUCIÁN.—¡A quién se lo cuentan, Micomicón!

EL REY MICOMICÓN.—¡A quién se lo cuentan, Mangucián!

EL PRÍNCIPE VERDEMAR y la señora INFANTINA, *cogidos de las manos, van a ponerse de rodillas en la presencia de los dos Señores Reyes. Sus voces se levantan hermanadas.*

LOS DOS.—¡Bendecidnos!

LOS REYES.—¡Que los altos cielos igualmente os bendigan, dilatando nuestras dinastías por los siglos de los siglos!

TODOS LOS INVITADOS.—¡Amén!

ÍNDICE

AUSTRAL JUVENIL

El libro de bolsillo para los lectores jóvenes.

TÍTULOS PUBLICADOS

CANTA
PÁJARO LEJANO
Juan Ramón Jiménez

Esta antología comprende 45 poemas
de los más «sencillos y espontáneos»,
seleccionados de los diversos libros del poeta,
desde sus primeros versos, de 1910,
a la obra de madurez. «Leer a Juan Ramón es
contagiarse de *otra poesía* percibida
en la belleza de lo pequeño: la hojita nueva,
el olor a heno, el canto del pájaro lejano»...
así percibe la obra juanramoniana Ana Pelegrin,
especialista en folklore y poesía infantil, que
ha escrito un hermoso prólogo-guía
para este libro.

52 ilustraciones de Luis de Horna.
Premio Nacional de Ilustración Infantil, 1981.

ALGUNOS NIÑOS, TRES PERROS Y MÁS COSAS
Juan Farias

A los niños protagonistas de estos cuentos les suceden cosas sorprendentes y, algunas, muy divertidas. Como la historia de un padre que le gustaba mucho dormir, y un día al despertar un anciano le preguntó: ¿Has dormido bien papá? O, el relato de un catalejo que navegó por todos los mares y sólo conservaba un único y maravilloso recuerdo. Y también, la aventura de un sabio inventor que nunca inventó nada nuevo.

Por este libro el autor recibió el Premio Nacional de Literatura Infantil de 1980.

40 ilustraciones de Arcadio Lobato